Gammaschlitz

Bibliografische Information der Deutschen Nationalbibliothek:
Die Deutsche Nationalbibliothek verzeichnet diese Publikation
in der Deutschen Nationalbibliografie;
detaillierte bibliografische Daten sind im Internet über
http://dnb.d-nb.de abrufbar.

© 2014 Long Eland
Satz, Umschlaggestaltung, Herstellung und Verlag:
BoD – Books on Demand
ISBN: 978-3-7357-1145-8

OFT SCHWACH – OFT STARK

Der Notfuchs FRISST SICH die Lebenswende IM EINHEITSKREIS

Gezeitenregel gischt mir keine Möglichkeit,
Weit genug,
In soweit sowiesot es sich, natürlich,
Ohnehin nicht.

SIEHE: Meerwatte – Meerwatte – Meerwatte –

SIEHE: Krabat – Stein – Tiger – Tom –
Gegenwart – Faustkeil – Vergangenheit –

Weil in der Einsicht, Weil am Rhein,
Das Glück und die Ruhe sind auf und davon.

Spray: Gerbergassen auf Konviktstraßen!

Wassermannzeitalter: ON –
Ich, größer Eins, sterbe gegen Null –

VERGLEICHE:

FLORIAN STANNERT SEIN VADDA

VERGLEICHE:

ICH RAUCHE KEINE ANGST ZU HABEN

VERGLEICHE:

Banner bieten den Rahmen
Der Maske aus Friedhof
Mit Spannung, Haut und Knochen.

Neutraler Boden.
Kleine Polizei.
Kleine Erscheinungen.

Wie schaust aus? –
Nach dem Äquator – Nach dem Äquator!

Streithaft, ohne Bewährung, in BAR,
Nackt in der Berufung,
Auf den Märkten Christian – E – F – KLAR:

Strukturen wandeln Hegel ultrasexuell,
Stufenmodellierte Swasiländer sind Treppenhäuser,
Und eines ist einbahnstraßensicher wie Rente:

Existenz verlangt:

Jede Menge in einem Sprinter!

Mistkäfer – Teufel – Ganz großer Haufen

Lastwagenkreuzgang
Laster, wie ich fröne,
Beginnen sie mich zu strafen.

Im Breisgau werde ich 26,

Schneide den Hunger vom Gesicht,
Und besitze kaum Verträge.

LENZ mir Einen (auf das Institut)

Väter und Mütter und Kinder,
Supervisionieren die glückliche Familie,
Nach Rauch und Schell.

Bildung rancht die Rinder
Mit Brandeisen zu Schlagbolzen.
Plus: Der Titel hochstapelt die Potenz.

Da lacht sich der Lenz
Den Hochsommer im Winter.

Unterwerfung zu beherrschen,
Ausliefert sich einer dem anderen
Als Tier, zu gehorchen.

Sind alle gekommen,
Gehen wir nach den Sternen.

Lenz mir einen II
Die kurzstreckigen Geister
Dieser Atmosphäre vergiften mich –
Schände die Seele zwei Wochen im Voraus!

Wenn ich dann Beiträge zahle, gibt mir die
Reflektion eine Krankheit.

Alter Schwedentrunk, alter Zwangsgedanken-
Plasma-Strahl, alte Überträger-Fliege,

Kleinteiliger Suppenkasper-Dramatik.

Erster fertig

Internationale Härten durchhalten vermag,
Olympia, Olympia!

Auf Testosteron reimt der Götterhimmel,
Zu Türmen – Im Goldspiegel:

NARZISS AUF FAHRLÄSSIGE TÖTUNG

Bittere Kreise sägt der Schmerz in den Vorsatz,
Freisommerlicher Mitternacht-Gedicht-Schablone –

Und Säuger beißen Alumine,
Drahtseilen meinen Anschluss aus Verlangen,

Mit einem Schuss Limone.

Halbgolemische Verwandlung

Wie die Zeiten den Raum umgarnen,
Karieren Kreaturen, mit Daumen, einander.

Wandern die Stoffe der Leiber,
Die Seelenfäden, mit Nadel und Faden
Ab zu einem Nabel.
Auf zu einem neuen Wesen,
Mit der ersten Kraft der Liebe –
Und voller Opferwillen.

Doch wächst den Chimären
Ungleich oft ein Missverhältnis,
Und so ein Riss in der Naht entsteht, klafft es,
Ohne Klammer, immer weiter.
Dass in Notwehr bald einer
Aus dem Anderen in einer Wehe platzt.

ES IST VOLLSORG

Und vor dem Wohnhaus nachglühen die Motoren,
Senden Funkzungen einen Feierabend über den Asphalt,
Über die Kreide, bis in meinen Hinterhofschatten.

**Aufbockt mich die Trauer,
Schlage ich sie in Stücke!**

**Soziale Kontrolle ist ein Mini-Disc-Player,
Und ich hoffe:**

**Die bösen Wölfe haben es nicht so gemeint
Und laufen dem Jäger entgegen.**

Takka –
Verspricht sich das Glück,
Streckt es uns, am Anger.

(Christstollen)

Die Streu ist Erbteil und Testament,
So Conan, so Tumor,
Lymphenwiderstand – Zum Dritten – Old
Pharaoh!

Sauer gebrochen – Ist nach der O.P.

Jenseits und Futur II im
Sprachgebrauchswandelkartenarchiv für die Katz –

Zunächst muss man genügend Träume fällen,
Um diese sogleich zu zerhacken,
So man ein Floß bauen will,
Die Insel zu verlassen.

(wonderwhy)

Trotz gibt Druck zum Kopf,
Der konkreten Analyse der konkreten Situation
Haupt- und Nebenwiderspruch zu leisten.

AHA _ AHA _

Zusammenhänger

Ich wegen Vater, wegen Mutter, wegen
Empfängnis, wegen Geburt, auf Geburtswegen.
Familie, wegen Umwelt, wegen Erziehung, in
Beziehungsebenen.

Struktur, wegen Zeit, wegen Distanz, wegen Tod,
durch den Handlungsstrang.
Um, wegen, Motive gegen Unsicherheit,
entgegnen der Haltbarkeit.

GUT WEGEN SCHLECHT, WEGEN MIR.

Landlust – Kurz vor dem Ortsausgang –
Würgekettenhofhund ist die absolute Wache,
Am Ende, der Linie der Tage.

Die internationalen Engel im Vorgarten
Sind machtlos dagegen.

Sonnenrampe schreibt Hilfe aus,
Und jeder Anlass fällt den Stufen zum Opfer,
Schornsteinfernklar, das Waid der Welt, am
Neutag, zusehen.

Rostaugen beflecken die Wangen, verfärben die
Zähne – Meanwhile – Blättert die Fassade …

Der Boden ist Satz –

Inter – Disziplin – Inter – Verte –
Dritte Seite, dritte Disziplin,
Seite Zwei plus Eins,
Extrablatt und Extradisziplin.

one_two – one_two
one_two – one_two

Motiv und Verleugnung auf der Windjammer,
Wir haben die Seuche an Bord.

Skills: Ms Holzbock; Ms Escape;
Das Aus, das Auf und das Nieder;
Die Irrlichter tief in den Wald verfolgen;
Blindheit als Wechselwirkung in Kauf nehmen;
Vollstopp, Melone und Wolkenturm.

Powerplay – An einem anderen Ort –
Und, eh klar, in einem Land vor unserer Zeit.

Strick Zwei

Die Jobvermittlung – (Schere-Stein-Papier) –
Bestickt das Seil mit einer Seelenwaage,
Garantiert das Donnerblech auf einen Hammer.

Siehe: Ratgeber Knecht –
Wie schütze ich mich vor dem bösen Blick?
Zeitarbeit oder Sklavenzentrale? –

Auf zum Drechsler – Die Hirnrinde muss weg!

1,84 zu 1,84 – »Love me twice today«

Im Alter erleben wir die Zukunft –
Wenn Future: YEAH –
Sterile Lanze in die Seite dringt –
Herrscht Code: Port Fuck – Finally.

To do:
Sternenwacht, Baumtanz und Ecstasy –

Kadaver-Freiheit

Grobheit und Zweck – Hinter jeder Ecke –
Jeder Zeit –
Kammer – Kummer – Kammer – Dreck –

Fast ohne Himmel – Steckt –
Auf jedem Hals – Ein Arsch voller Angst ...

Verweigerung im Rahmen – ZUM TEIL
Die Haltung bleibt im Rahmen – GANZ EINFACH
Feinde des Rahmens – MÜSSEN STERBEN
Vergleiche: FRIEDE AUS ASCHE, IN EINEN
STERN GEFASST

Nackt auf Leder in der Konferenz – Unschuld oder
Lähmung?

Kalben +
Existenz aufmachen, eine Organisation pflanzen
Und Wasser treten, bis die Blase platzt.

Nurse me – Pussy me – Herrgott und Samsara Karma

Kauf dir einen Jet – Kauf dir einen Schneid –

(Ich bin:)

»Flamingo Roads« und Knecht in
Laken – Lebensberater und Lustknabe –
Mein Volk und die Mehrzahl der Geschlechter –
Aller Zeiten – Schreddern die Bilanz –

Plus: Heilige Katharina – Unholde wollen mir die
Zähne einschlagen!

Mutterscham und Götterspeise –
Jeder Träne – Jeder Mutter – Einen Vers –
Zwergenstaat spuckt Riesendrama –
Dalai Colombi –
Checkt man die Note – Hängt die Fahne schnell
zum Hals heraus.

Aufschlitzen und Abstechen –
Sind wirbeldumme Dinge – Für ein Wirbeltier.

Mein Rosamund/Pilcher/Saubock/Engel/Genie –
Ist nach fünf Meilen Rausch –
Umso überzeugter – VON MIR!

Das Sternental wird geflutet,
Der Goldregen tränkt mich –
SIEHE: Sagt die Hitze Verfahrenheit an,
Tanzen wir ein neues Hirnparadigma ein.

Monstertruck – FÜR – Monstertruck –
(Mit Vereitelung zum Loblied)

Zum Loblied

Ich lobe mich für Krieg und Gewalt,
Ich lobe mich für Ignoranz,
Ich lobe mich für Geld,

Ich lobe mich für meine gute Zeit,
Ich lobe mich für die Menschheit.

**Halb – Mensch – Halb – Maus – Model –
Esel für Esel –
Verdammt, verpackt und eingeschickt.**

Dort ist ein Seegrab – Hier bläht sich mein Segel!

Strahlenfurche +/- RAVEN CAKE SAVES THE
POWER OF MAINTOWER
+/- Zwangsvollstreckungsabwehrklage

Gerngroße Verheißung

Trägt meine Schar von kahlen, blassen Taten
Dir gegenüber im insuffizienten Herzen.

Geier – Ich habe die Ehre –
2:1 die Quote – All in – Type – O – Negative –
Verfilmung der Verwertung der Gebeine
Von Fury und Black Beauty am Blackberry River.

In Gezeiten auf Wunderland
Erschlägt Nick Nolte Robert Redford –
Meanwhile – Kain trifft auf Miss Marple.

Und nach allen, allen Episoden streamt es aus mir:
Vogelbock und Vogelpower verlieren das Inning
Gegen die Glückskatzen.

Schreie in der Nacht gegen die Mauer und ertaube
Durch das Echo der Negative-Nancy –
Pro – Active – Sad – Sad – Family.

(Zum T-Bone, einer Schicht im Schacht und einer
Spur von Unterdrückung.)

Körperlos im Quadrat –
Der fehlende Mut
Im eigenen, fehlenden Maul.

Wohl – Noch nicht genug!
Anders besser – Anders besser –
Stumpfer Adler – Immer schön gleich alle hassen –

Ich will zur Römerquelle an den Früchtetisch,
Und klar bin ich traurig.

Schöne, ewige Eintagsfliege,
Schöner, ewiger Einfallspinsel.

Zapfenstreichung

Bald 30 Viertel Krampf,
Bemühen, Achtung, Opfer und Erfüllung,
Großmund und Verzockung –
Bilanz: Liebe, Trotz, Prüfung und eine gewisse
Erschöpfung.

Das wird eine ewige Ferse geben,
Aber mindestens werde ich die alten Wege
Nicht mehr reiten,
Denn meine Flanken haben die Sporen
Zerschlagen.

Harnstoff auf die Wunden! –
Ich bin unter Genesung –
Und es sind Tränen, die ich schwitze.

Wachstuchkontrolle –
WACHSTUCHKONTROLLE

Der Golf und die bösen Kilometerzähler,
Der Bock und die blutige Ernte.

Meier klappert im Wind,
Verstecke sind selten.

– Skizzen auf Powerplay –

Empfangs- und Sonderleistungen,
Ein alter Hut,
Eine alte, soziale Schere.

Probleme verzünden, Probleme fixen –
Overtime – Verdammt – Auf Sieg –
Ist das Häschen in der Grube der Schlüssel zum
Verständnis.

Gründe für Stallfurcht (z.B. Frank Plasberg) –
Oder: Alles gegen deinen Willen.

Beim Run auf den Vollbesitz der Mächte
In der Existenz-Arena
Steht die Zwille auf Challenge.

Vermieterkriminalität

Die Junior-Identität,
Die Junior-Verschwörung,
Der Junior-Komplex.

Mit der Rückhand zum Vorteil
Immer am Ball,
Urlaub kommt,
Es lebe der »Badanteil«!

(Krötenhaut – »Night and day«)

Die Welt kocht – Kurz vor der Explosion –
Ich brauche eine Dampflösung
Mit Netz und Dreizack – Zweifach gesockelt!

Wort – Silber – Brand – Eisen – Bock – Jammer – Attacke –
Dein Wille verwehe – Stop and go – Du Ungeheuer!

(Rede Flora – Rede Fauna)

Maskara – Flat – Rate – Rasta – Nazi – Tropft es von den Wänden.
Saber – Rider – Transfer der Zöpfe – Zum Kanten der Freiheit.
Benefit – Maskara – Flat – Rate – Rasta – Nazi – Innerhalb einer Einheit.

Alu – Leinwand – Supergau –
Pinsel – Staffel – Sklavensau

Eisenherz unter wildem Wein –
Auf einem Velours-Liegen-Schlager-Duo
Erbricht sich Amor und lässt die Waffen stecken.

**Stiefmütterchen verzweifelt an ihrer Basilikum-
Freiheit,
Teilt sich den Luxus ein,
Verschließt die Schrunden mit Verachtung
Und nimmt ein Horn zum Pflaster.**

Die spektakuläre, sternenverhagelte Erde
Zieht und drückt und kostet einen Chip-In-Birdie
Für jeden Quell des Todes.

**Natürlich sinnlos
Fahren Karren gegen Wände,
Bis die Glocken läuten,
Schiebt jedes Teil der Mehrheit
Einen Kabelhals in Formvollendung – Ohne
Vergebung**

Im Track der nächsten Stunden
Sticht eine Begegnung, die tagelang anhält,
Opferausgleich gegen Lebensenergie,
Ich spende mein Blut an einen liebevollen Moskito.

Rum und Ehre für Thalionmel, ich will die Offenbarung!

Es schiebt mich ab –
Und ab schied es mich voll –
Sind das die späten Tage?

Kramer gegen Kramer,
Vertrauen gegen Vertrauen.
Bis zum blauen Wunder
Ist alles ehrlich, ehrlich.

»GRAFITSCH«– Verbleibt die
Hintergrundkindproblematik –
Verschlagen – Verschlagen – Verschlagen –

Tropisches Bier und bewegliche Vorstufen,
Ich träume von Oberschwanien,
Doch Kontrollschaum versiegelt meinen Eifer_150.

Wo ist der Anker der Idee? – Abgestrichen!

Opferzellen und Seewölfe;
Hoden und Herzgewichte;

EYO – ESTONIA

Das politische Versagen von Künstlern,
Ist eine starke Tradition.

Denken wir es weg,
Trinken wir ein Jever.

Wie die Welt, so der Krieg –
Tagessieg, Tagessieg!

Wir tanzen die Valenzen – Wir sind die Säuger –
Auf müden Reifen und auf allen Vieren

Habt Acht,
Edberg – Edberg,
Helden und Zwerge,
Dämpfe und Updates,
Schwerter und Knochensärge.

Zaunkönig –
Ich sehe mir heimlich, nachts, dein Auto an.
Ohne Sonne – Ohne Sonne

(Prächtige)

Fünf – Locken –
Fünf – Finger – Romanowski – Strähnen,
Aus Freiheit, Silbergarn und Jeans-Applikation,
Glänzender, gehobener Schiene,
Glänzender, gehobener Magnetschwebebahn.

MAUSRASTER

Donnerkeil – Im Interbrachland –
Das ist das –
Das ist das, verdammt nochmal!

Impulsdialyse: OFF – Katalysator: ON –

Klicke auf dein Gehirn –
Doppelklick auf deine Gefühle!

Ich will, ich will, ich will – Strebt gegen:
»Gib's mir wieder her« –
BEZIEHUNGSWEISE:
»Lieber Jäger, lass mich leben,
ich will dir auch zwei Junge geben!«
BEZIEHUNGSWEISE:
»Schalter-Matrose – Her mit der Kohle«

Stabweitvorwurf – Auf – Aufgabenfalle –

Skizzieren Sie Ihre Selbstaufgabe,
Bedenken Sie dabei die Mitmenschen –
Hey Trapper – Helm aufsetzen!

Die Croissants sind fertig.
Die Croissants sind fertig.
Die Croissants sind fertig.

Schlechte Ohren –
Niemandem alles sagen, es gar nicht erst versuchen.

Neuronaler Darwinismus TRIFFT
Pferdeapfelkuchen –
Fotzen und Ficker von Schöller – SOWIE
FLORIAN STANNERT SEIN VADDA –
Sinn und Happening – NACHHALTIG!

Alle auf Exkurs: Selbstorganisation und Nano –
Im Wirtshaus ist Spessart.

So extra – Astronomische Objekte –
So unscharf – So Dienstag – So ohne Doris Day

41. Breitheitsgrad: SMS-GOTT – Woran ich glauben kann …

Die Schwingen von Morgen entfalten,
Die Abwehr endgültiger Einsicht
In engen, blinden Gängen.

Und dieses Licht aus Fieberglanz
Am eitrigen Stumpf der Unfreiheit
Wird gespreizt am kühlen Grunde.

Formatstutzen auf Lebensdichtung

Hier ist die bösartige Situation –
Sie visiert mich,
Und dann jagt sie mir, wieder und wieder,
Dorn-Nagel-Pfeil-Splitter der Angst hinein.

– Heiliges Riesenbaby – Bitte für mich!

Die Wahrheit ist eine Messerspitze
Zwischen den Zahnrädern der ewigen Maschine.

»A Fuchs isch koi Haas«

Widerstand ist unfreiwillig und unwillkürlich,
Komisch bin ich mir plötzlich
Gar nicht mehr so sicher
Und denke: Test und Modelorganismen verleugnen
–
So eine Arschgeigen-Semantik.

Ohne Limitationen,
Der Schmiede-Vorschlag-Hammer
Wichst die Tagesstruktur auf den Amboss der Woche.

DANKER

Markgrafenstr. 56 –
Einen Spezialengel am Haken und zehn
Bannanenschwäne im Köcher
Wird das ungültige Wort zum unbekannten Wort.

… und 8 mm Sopranos …

Status in der Kuppel: Heute ist ein Untag –
Wie in einem Filmfall: Tschanz und V2 – Bis zum Ende –
Auf HALBEM Wegen.

Mit Prunk, Funk und Schund,
Mit Schluckzack und Flegelpower.

Web dir deinen eigenen Himmel –
Die Rolltreppen sollen dich fressen!

Im Schuhe meines Aufzugs
Steckt die Sohle meiner Existenz
Und tanzt aus einem ewigen Nachtschatten
Einen Dreiviertel-Boden der Tatsachen.

Sei mir nicht dumm, Karstadt ist erste Liga –
Und: »Ich habe dir nie einen Rosengarten versprochen!«

Festival am Eselsweg –
Wir sind die Jünger am Ölberg –
Ohne Perlen für die Wunden –
Ohne einen Bingen –
Euer Gnaden:

Strohkutter – Strohkutter – Strohkutter –

Extras, speist die Saga, aus der privaten Tonne,
An der blauen Theke, in privater Atmosphäre.

Oft einmal saß ich, als ich noch jung war, im Schuldturm von Playmobil.

Scheibenfeuer und Starkregen,
Nachrede schafft Legenden.
Ich will ins Heim, mach mir ein Brot!

Land's End –
Christies, Pferde, Du und Ich –
Alter – Kinder – Auto – Blinker.

*Triangel, Glocken und Telefon läuten wieder_und_ wieder_und_wieder_*

Ein Unversum leuchtet aus deinen Augen,
MEANWHILE
Du stinkst nach Gewalt!
MEANWHILE
Niemand immer ein Arschloch ist.

+

Alle – Eigentlich – Immer – Noch – Relativ –
Abgedroschen:
Alle – Eigentlich – Immer – Noch – Relativ –
Abgedroschen:

DIE SCHNAUZE DER HOFFNUNG SIND

Blutzwerge und Schneeprinzen sind auf dem Holzweg!

GRAUA –
Käscher und Köder – In Komplex und Verzagen –
Eismagen – Scheck – Stein – Karte –

GRAUA –
Hohepriester – Strömungsfilm –
Klima – Logan – WOLVERINE!

Flugroboter und »Kindertotenlieder«

Im Anflug von Zuständen
Wird die Welt uns vergiften.

Den Betrügerkriegsinvaliden
Schlingt sich eine Rettung um den Hals.

Aber Argwohn ist der Preis für eine Rolle
Klopapier,
Für jeden Gedanken an Fremdverschulden,
Wenn wir Scheiße pissen.

Alter Höhlendrache – Alter Karfunkelstein!

Ampelschimmer,
Die grünen Männer sehen es mir an,
Ich komme vom See und vom Frühtau
Auf einem Draht, auf dem Damm, in die Stadt
Nach einer wilden Macht im Spätsommer.

Kein Übermut und keine Taten,
Bald herrscht wieder Monokult im Zimmer.

Ich halte fest, nicht ALLES zu verwerfen.
Nehme den Tadel täglich zu mir
Und scheide die Messer von den Händen.

Emotionale Schlampe – Emotionaler Saum –
Mein Verstand wird ausgenutzt von meinen
Gefühlen.

Eingeteilt vor dem Altar der Besinnungslosigkeit
Schreien die Chöre die Inkonsequente
In der synthetischen Kathedrale.

ES GIBT KEINE LIEBESVERSICHERUNG

29. Rennen:
Biertisch auf Eins, Wutnase auf Zwei
Und Tempoblut auf Drei.

Für Perlmuttersohnsklaven auf Galeerenfahrt
Leuchtet der Bestimmung ein Himmelskörper.
Er steckt in ihrem Ozonloch!

*HINGEGEN – FEINHEITSGRAD UND
GAMMASCHLITZ –*

Gebären Androiden ein heiliges Lamm in der
Lüftung,
Wird es pflügen durch die Magnetfelder
Bis zum pausewangen Ernstfall
Und dem Fluch aus der Konserve.

All in auf Mut, auf Sterblichkeit –
Plus: Die offene Rechnung vergleicht sich mit der
Einstellung,
Mit Brünne, auf offener Straße, ohne Attentat.

Wir zahlen Zinsen auf die Zweifel –
Tanzen aber trotzdem zum Radio!

Ereigniskartenträger –
Wir sind die Ficker – Wir sind die Gefickten –
Ein Sticker – Je Opfer – Je Täter – Pro Lichtjahr

Merke: Ich will dich nicht überzeugen – Ich erkläre mich nur –
Merke: FLORIAN STANNERT SEIN VADDA
(Halb weg müssen – Die andere Hälfte: Vergessen)

Ferngewordenen, denke ich,
Einen Hof und einen Reigen
Mit den Augenringen der Erinnerung.

Ihr werdet in meinem Mond sein!

Lippen am Trabanten,
Lippen am Fenster.

Streicheldeckenpilgerziel ist
Vielspielgewinnerbeteiligung,
Plus Zeitgleichheit, in Gefährdung,
Code und Koma,
Nest und Artenschutz.

Prophezeiung – In 7 Minuten – Servierfertig –
Auch und sogar –
Im Bestiengewand der Gegenwart:

»Dreck und Spalter werden haben gefunden –
Einen Blutdiamanten!«

LINIE EINS und LINIE ZWEI

Goldene Ochsen götzen mich an,
Ich abschwöre und schalte die Sterne aus.

Sesam, was es taugt,
Das ist die schreckliche Willkür im Leben.

Sesam, was es bedeutet,
Der großen Meinheit ganz egal.

Militärcousine – Militärcousine – Militärcousine –

BAD I

Die Brandungswellenträume, die ich hatte,
Als ich noch ein junger Halbleiter war,
Hatten Jetstream-Düsen und Esprit.

Doch meine Pfingstrosen-Knospe
Sah schon bald die glänzende Brache
Im Eitergesicht der Sonne.

Bilanzritter, mit unzähligen Pferdestärken,
In Konferenzträumen zerreißt dein Motor die
Verkleidung,

Entpuppt die Nachricht den Empfänger,
Auf einer Lichtung, zum Falter, ohne Emission,

Zur hold-mild-edel-guten Eichelprozession.

Vergleiche: Eichelprozessionsspinner wird Vater
Vergleiche: Die Passion FIXI

TAG IST NACHT – IHR COLLEGE-BÖCKE

Wenn ich zerfließe,
Schäumt es meine Gedärme,
Handlungsfähigkeit ist Boje;

Meanwhile

Bis zum Wendekreis,
Das tut mir ein Leid,
DOCH: Das gibt keine Wahl –
Was bleibt ist:

DAGGY, DAGGY, DAGGY!

+ + +

Oasen verblitzen,
Und Fürchte entfachen den Deppenwolf.

Ich fühle Befehle aus –
SIEHE: Kolonisierte Leiste – Kolonisiertes Gehirn
–
Ich bin gefangengenommen und verschleppt
worden –
Liebesgrüße aus Stockholm +/- Drainage und
Flurbereinigung auf Krötos!

Dem Bierdosentänzer leuchtet das Bauchgesicht.
Doch der Schweiß wird kalt,
Und Alles zerdrückt Irgendwas
Mit Sex und Gewalt.

Thyssen – Henne – Krupp – OSTERHASENATTACKE

**Seelischer Terror und Schmerzen à la Valente –
Unaufgehoben und VOLLEY!**

Filter – Wechsel dich!

Die doppelspitzen Kirchtürme schwimmen in der Tinte
Aus Nacht und Nebel vor dem Haus Nummer Hundert
Unter der Hochspanungsleitung, in meinem Aquarium.

Tulpenrotnagelstreifen – ZANGE

Für die Helligkeit am Morgen
Linsen die Töpfe auf dem Ofen,
Bis die Dinge vom Wesen gefressen werden.

Die Mutterlüge ist durch nichts zu ersetzen #
Wie der Tiger von He-Man #
Wie im Laguna, so in den Center Parks #

Vergleiche – Autor – Motor – Aggressiv –

Froschkönig in der 51 –
Tesa für die Krone – Tesa für deinen Dachschaden –
Ich bin Trumpf – dein Wert wird immer kleiner!

Enter »The Dragon« – Push »The Button« –
Und press dich in dein Ende!

Bogner Eis und Bogner Feuer

Diese Lichtung schreit nach einem Helden,
Dieser Wald hat einen Hinterhalt:
Beckenboden-Herbst-Venenthrombosen-Bande –
Wo ist die Nachtigall?

Auf den Tasten – In der Speiche –

Archung,
Dein Leben beträgt nur noch 54% –
Plus: Du hast nur noch einen Wunsch
An die kleine Nixe!

Aqualaser – SEITENLINIENORGANISMUS –
Aqualaser – Seitenlinienorgasmus –
Geifer vor Leben, ertrunken im Gesundbrunnen:
Non-Stop, durchdreht der Betrachter.

Wir imitieren die Interdisziplin
Mit Ritterhelm und Piratenschwung,
Dann stecken wir wieder alles ab.

Ist doch Asbest – Raus aus dem Flaschengeist!

*HEUTE BIN ICH FRANZIG – ABER – AUCH IMMER –
EIN HANSEL*

**Es wird gut laufen, so lange wir uns empfinden
können,
Ist der Zapfen im Loch, trägt uns der
Schwebebalkengott Wasser
Auf die Herzmühlenräder.**

Stammhass und Bluthammer,
Goldtempel und Opferautomaten.

Tabu und Schändung, Wehr und Halt,
Pegelanständiger Spülung im Ausgussraum,

Nasskalt brüllt die Zeit nach frischen Bezügen.

Die Zeichnung der Entspannung
Verhofft in der Deckung
Bis zum Ende der Treibjagd.
Siehe:
Bleichhaar dampft mit seiner Karre
Gegen den Regen an,
Dass es kein Halten mehr gibt.

… bis zum kleinsten gemeinsamen Karo …

Onliner versenkt sich als Glücksritter
Mit einem Plug aus scharfem Verstand
Und einer Dauerwelle aus Phaser.

Lackherz – Alien 2 – Verdammte Wiedergeburt –
Übersinn: Die ACHTE – Skizze – Skizze – Skizze –
Freigeborener Europäer, in deinem Vorzelt stirbt
ein Teil der Wiege der Menschheit!

Hochkeil oder Magenheber? – Wetter: Wie und wo?
–
Dolch aus Frost / Schneidbrenner Sonne –
Licht an – Licht aus – Schlüsselkind im ersten Haus.

»HILFE!« – Ich will Zucker und ein Riesenstück –
Und eine perfekte Vergangenheit!

Meteoritenschauer und Monsterwellen –
Gibt es sie wirklich? –
Nahne Guldenburg trinkt sich ein Balbeck
Und startet den Helikopter.

Inkas Inkas tanzen mir auf den Nerven herum –
Minus: Nachdem ihr Blutgott Blut getrunken hat
in seinem Hort,
Ist alles Asche.

VERSUCHSANORDNUNG: NICHT FRÜHER _
NICHT SPÄTER –

Storax im Abteil – Feigheit am Zug –
Aus einem Graben, mit dem Spaten –
Postwurf – Nach der Heimat:
Ein Leid Brot – Für
ALLE – Dünkelkern – Klar – Klar!

Das Kabinett von Schleich –
Volkswahl in Mitteleuropa – Alter – Wo ist der Mitteladler?

In geografischen Ständen von Gottes Gnaden,
Innerhalb von klaren Grenzen in der kleinen Aftershow.

Demokraten an die Spiegelwand!

Dem Morgenstern sehen die Augen
Im Tiefblick ins Nachtgesicht am Fenster.

An den Enden der Wissenschaft
Eine High-End-Arschsexfrikadellen-
Beschwörungsbewegung der Jünger
Baut jedem Treppentrottel einen Aufzug zur
Leiter.

Karzinom im Tabernakel,
Schwelbrandfarben und leise.

Der Änderungsschneider soll mich aufbauschen
Mit seiner Spitze!

Verwahren liege ich und bahre
Auf dem Bett, in meiner Stube,
Gefrierbrand auf meinen Organen
Bricht jedes Versprechen meinen Kiefer
Mit einem Flüstern.

Der Bock ist krank, er muss in die Reinigung.

Eingemachtes kommt voll auf Episode –
Kein Palaver –
Sonst knallt die Peitsche Schwarze Löcher
In deinen Körper!

**Der Mundsturm fällt von der Wand, aus dem
Fenster, über den Hof –
Heute – SCHREIE ICH DIE WELT
ZUSAMMEN!**

Operation: Broken Sparrow

Ich liebe die Schübe
Und die Teile des Großen im Ganzen.

**Not hat das Gehirn gebaut,
Not baut es auch wieder ab.**

Die Körnung der Vision wird so langsam
Lebensrealität;
Siehe: Wir sind die Stäbe der Gitter –
Teer und Konturenstift!

+/-

Lebensenge, sagrotanische Gewänder
Umschließen unsere Körper,
Neuronenstumpf und scherbenklein.

Die Grabscheinwerfer wünschen:
Abfahrt/Ausfahrt – Gute Reise – Oktober-
November +/-
Fleischwurst mit Musik und Nachtarznei!

Ich mache in Gedanken
Und liebe die Feuchtigkeit!

Kometen – Freiberg – Segen –
Entspricht einem Hang in den Wolken,
Einer Art von Regen auf den blanken Steinen.

Wildsprung – Element – Witter dein Tier!

Die Sorten uninspirierter Zuchtgedichte
Knollen im Keller, schadhaft,
Ohne Ausgleich von »Tacker« zu »Arschlocher« –

Mieze Schindler würde sich schämen.

Der Rattenzwerg

Lebt in einem Stadel in Klobürsteneinsamkeit
Auf einer schwimmenden Zerrung der
Wahrnehmung.

Lamda, wechsel dich! –
Flussväter und Flussmütter,
Schollen und Verkünder,
Suchen die Nähe meiner Herrschaft.

FAKE _ PUNK _ DONALD _ TRUMP –

Relax den Sprecher, Sprecher mit saurer Zunge,
Ziemlich bergschlau mit ein paar Viertel Wein,
Ziemlich verschlagen in den Götterhimmel.

Blasen schlagen die Kulturfördermittel,
Ich bin ohne Abendbrot auf Stube.
Trommelbauch und Kugelschreib,
Trommelbauch und Kugelschreib,

Kein Schnaps und keine Schaukel,
Ich habe nichts zu Scheißen,
Oh, du lieber Augustin!

Weh dir, Ödem-Goethe-Institut,
Wenn ich wieder bei Kräften bin!

ACH und KOMM – HERRSCHAFT – NOCHMAL!

Grundlagen der Verlorenheit –
Artikel 14:

Ist das Format Gelb,
Ersticke ich in Gelb.
Ich will das Quantum nicht verderben.

Hoffnung und Megatrip –
Projekt: Affenschanze –
Projekt: Raumschlinge – Raumschlange –
Raumschlaufe

Es regnet, alle sind große Trauer, aber Bergung kommt.

Sendung und Frohsinn –
Alle irgendwann tot sind –
Selbsterlass auf Mundharmonika – 80 g pro m² –
Unendlicher Wahrheit – Unendlicher Lüge

Fresse auf Schambein –
Erfüllen wir Europa schon wieder mit der goldenen Kugel?

Garagentor zur Welt – Entführungsopferelement –
Heinzelmännchen machen die besten Angebote des Tages –
Gerade noch Neun-Live im Irak, da gestehen die Radsportler plötzlich alles –
Siehe: Pluto ist kein Planet mehr …

Entscheidungen stehen im Magazin der
Möglichkeit, so lange der Vorrat reicht,
Und jede wird mit Unvermögen multipliziert.

Poor Marty – Crash
Poor Peanut #

Beschält es mich an manchen Tagen,
Hagenblecke ich die Zähne
In der Ausstellung der Tiere.

ALL_IN_Lex Specht_Lex Hecht_Lex Knecht –
ALL_IN_Master Splinter FOR
Verteidigunsminister!

Gelüste im Kochplattenzeitalter –
Alle haben das Recht auf schnelle Teller erster Güte
Und Krebs mit Käse.

Die Widerspruchsanlage zieht am Faden
Im Labyrinth der Rache alter Männer,
Der gespannten Baretta.

Doppelbierbeschluss auf Tiefkühlstress,
Geborgen in der guten Weile
Gibt es nebenan ein WEITER –
ANGENOMMEN: Die Welt schiebt keinen Affen ...

Afterburn massenverdrängt die Last
Auf die leichte Schulter,
Aber: Knirscht in der Nacht mit den Zähnen.

Wo ist mein Dolch? –
Wo ist meine Front? –
Wo ist meine Theorie?

Der Hirnbengel täuscht einen Anfall,
Täuscht eine Euphorie,
Ist Luftröhrenschnitt und Hexenhammer.

Die Glücksasche im Schlafrock
Isst man mit der Gabel,
Turmspitz.

Hirnhaut – Trompeten – Im Tipi –
Doppelstunt und Futur II – Plus Minus Erfüllung –
Singen meine Vögel – Mir einen Terrassengarten?

Das ist mir, durchaus herzlich, recht egal …

Merke: Psychosen verficken die Wahrnehmung,
Verspritzen die Gefühle.
Merke: Fort Verlegen baut auf Strömungslügen
Am Delta der Unsicherheit.
Merke: Berührung schnappt uns im Verhältnis
EINS zu NEU.

H0
Bis zum Erlebnishorizont
Im Windschatten von Singularitäten.

Die Höhensonne stickt Ecken in die Augen,
Alpenrausch – Intermezzo – Exotisch in
Liechtenstein.

HINGEGEN
In der Einzwecksiedlung
Überdenken Halb-Spatzen ihr Glück
Und: Pfeifen es von den Dächern.

Ich bin pro Rosinen-Bomber
Und Creme-Paradiso-Jagd-Geschwader!

Doppel – Herz – Fünf

Alte Folgen treten in die Seiten,
Schon wieder aufgebrochen,
Sticht mich Hafers Goldfinger
Und treibt seine Spindel mit mir.

VERGLEICHE:

Im Geschmack von diesem Pulver
Steckt eine Spur Wildschwein,
Sie führt in den Wald hinein.

Für die Offenbarung
Überwirft sich der Prophet
Stets mit dem Wahnsinn.

Sankt Martin,
Dein Schwert hat mein Gehirn zerschnitten!

Hiss die Katastrophe –
Hiss mindestens 10.000 Tote –
Pro Strophe –
Erschlag die Zeile – Erschlag die ganze alte Leier!

Live ist mein Untersatz,
Live ist mein Übertopf.

Je Stock – Ein Akt – Ein Drama aus Nachbar –
Ich wünsche:
Keine Eisblumengewalt und keine Wüstenfolter!

Wir elektromikroskopen ausgeleierte Welten,
Die Spuren führen bis zu einem Reifensprung.

Vergesst die Schadensabteilung –
Der Mond ist aufgegangen!

Südlich der Todeszone
Ist das Felsüberhang-Gelage
In den Seilen –
Und ich? – Niedergeschlagen.

Mein golden Espenlaub,
Hell wie der Tag,
Klar und mit aller Schärfe.

Mein golden Espenlaub
Aus der Esse,
Hart und mit Kantenklinge.

Schlitz mich, dann blutet mein Verstand aus,
Und ich versau' dir das mit der Brosche!

KAIMAN BABYLON –
Warum kratzen wir uns nicht? –
Fahle Lende, dein Bogen sieht keine Sonne!

GLORIA
Propaganda nach dem Osten.
GLORIA GLORIA
Nach Wortschutzwesten gast die ruhige Kugel
Mit Glück und Diffusion.
GLORIA GLORIA GLORIA –
Was geht eigentlich ab?

Ich bin platt wie der Traum einer Feile –
Aber ein Bündel Feuer-Augen-Zeugnis
Verwandelt jeden Stillstand in Lava.

Knallgasblasenmotive der Knallgasblasenamöbe

Muss Nachspuren – Offen und geschlossen –
Im Stahlbecken –
Bis zum letzten Umstand – Bis zum Rand

Hallo Bestie – Hallo Naturgewalt –
Habe die Ehre – Franz – 3000 –
Ich bitte für dich,
Im Netz und im Leben.

Auf Reihe und im Hafenkram
Ausdeuten wir die Heuer.

Nenn mich kalt, ich brauch das,
Das Gemein und das Bescheiden,
Dann zieht es mir leichter,
Eine Brise zu träumen.

Transdehnen Sie sich nicht mehr –
Lassen Sie es bleiben!

Kornspeicher-Frost-Wurm
Und Mittelstandpegasus
Dreschflegeln die Krise und das Wunder.

Kontraktion auf Steuerung –
Und Num-Lock – In der Winde

Überdrücker – Unterdrücker
Überzucker – Unterzucker

Aufzug der Spiegel – Aufzug der Etagen –
Ökultismus – Im Brennspiegel –
Du hast einen Aktionstag? – WOHLFEIL!

Alle riskieren jeden Tag
Mindestens
Einen kleinen Tod.

Als ich noch Teflon war,
Habe ich viele Engel verbraten.

Spaß ist stärker als Schmutz,
Doch der Weiße Riese
Bekommt die schwarzgefrorenen Glieder
Einfach nicht mehr sauber.

Irgendein Feldzug –
Versus – Obla – Di – Obla – Da +/- Desmond Dekker!

Ich weiß nicht, wie kalt der Winter wird,
Ron Sommer –
Ron Sommer – »Take me back to Africa!«

Wechselstoff-Fair-Trade-Gesundheit –
Vertrauen gegen Vertrauen gegen XY

Nachtlager – Am Rasthof – Entlang – Der ewigen
Brandung Autobahn –
Die Kühlung der Laster rasiert mir die Ohren
Und brummt mich in einen Aufbackbrötchen-
Schlaf.

Wenn die Sterne blinken, bin ich fertig.

**Tote reden nicht.
Stille Post und Stille Treppe –
Séance ist absolut Nanny!**

Lila – Lack – Mist – Konvikt – Zentrifuge

**Nitribitt – Prognose
Nitribitt – Bilanz**

Blutulme und Wurzelzwerg –
Periode II auf der Blumenwiese –
Und in der Umkleidekabine?

WER MACHT DEN DRITTEN HAHNENSCHREI?

**Ich bin alles Bemühen und alles Versagen –
Sagt die Auster zu einem meiner Geißlein –
Wackersteine und AUS!**

Auf einem Drahtseilfieber – Rast – Die Schneidsäge –
Über einen Ozean aus Super NES

Das Fieber brennt – Endlich: Feuerland!

Vergleichsweise Ingrid, getigerte Katze,
Schockierten Ränge, am Geländer, Drama und
Szene –
Der Maus von Gladbeck.

Dreieck ist Waffen-Wechsel
Und Langer-Pass-in-die-Spitze.

Fliegenfalle – Fliegenfalle – Fliegenfalle

Ich setze eine Betäubungslüge,
Ich will mir nicht das Leben verderben.

Der Eigenverantwortung auf den Fersen
Hinken wir nach Solidarität.

Unbrav und Unfromm –
Im zweiten Himmel – Fünft Sex die Sieben

Anoden-Gaul steckt's,
Er packt's nimmer.

Dein Löwenmäulchen schreit nach mehr,
Doch ich bin nicht auf Safari.

7 mal 7 Harpien –
Bewerfen uns mit Untrost –
Hey – MANN – Hey

Flammenschild aus Diesel,
Diesel zum Einschlafen.

Auf einem Erdhügel
Wird das Schicksal begraben –
Ein Hoch auf die zeremonielle Bestattung!

*Scharfe Liebwaffen sind die Requisiten
Für ein Mordstheater.*

Domestos und Kranich
Aus Trübung und Urschlamm
Vom Spund zum Zausel in Echtzeit.

Überzwerg und Ende Zwanzig

Ich will in dir eine Botschaft eröffnen,
Ich will Immunität für Gedanken
Und einen guten Umgang zum Untergang!

Schöner Stoff – Schönes Verhaltensmuster –
Versucht es mich – Versuch ich es zurück!

»Es geht dem langen Elend gut, aber unklug« –
HANGKLAGE – HANGKLAGE – HANGKLAGE

Binde vor die Augen,
Lotion für die Seele
Und einen gelben Sack für den Körper!

Päpstliche Bullen nehmen die Menschen
Auf die Hörner – Wir sollten den Gürtel holen ...

So um GOLFKRIEG im MIMA –
1992 war die Meersau schwanger.

Nicht HANSI FISCHER
Nicht HANSI FISCHER

Ging meine Erste Welt unter –
Klein-Spast auf Klein-Sparta!

Alles Rec ist Fake –

SIEHE: 2005 – War Gegenwart – AUS –
Reduktion und Verwilderung – *MEANWHILE* –
Carglass alles repariert oder austauscht.

Jatürlich bemerken wir unser Unvermögen.
Natürlich handeln wir nicht danach.

Indoorcamping, Lagerkoller,
Totale Einhausung, im Keller.

.

Der Wind ist meine Schweizer Garde – Ihr Tamagochis!

Krempe alter Wut

Ego-Typen befummeln meine Ego-Seele
Bis der Ego-Faden reißt.

Ich gehe ab
Und bin die Ego-Nummer Eins
In dieser Ego-Szene.

Battlefield-Tour – Im Eisernen Trikot –

Verdun –

Explodierten die Hänschen der Feld-Hügel-Herren
In der Stellung, wurden sie Hans *NIMMERMEHR*.

Sauer-Angst-Magen – Heute –
Nadeln die Bäume – Über ihren Gebeinen ...

Live, aus der Miene – Live, aus dem Schacht

In jeder Ecke trumpft Unwissen,
Und es sticht in jede Wabe ein Einerlei.

Seit Jahren reise ich den Tagen voraus
Und treibe mir die Nächte in den Leib hinein.

Bist du Frucht oder Schauer?

Stäbchenperlen

Und der neue, große Fuß
Ermöglichen es Stadtfeinen,
Stadtfein zu erscheinen.

Im Glanz ihrer Applikationen
Verlieren sich ganze Geschlechter.

Treff-Chicken

Sie hört das Lied laut in MP3.
Die Wahrnehmung schlägt 13.
Unter dem Top der Tipp den Beat
Auf den Boden trägt.

Götter-Stuten-Schweif-Nacken,
Kachel-Strich-Kasse,
Kurz kosten,
Und dann wieder ab in die Fugen.

***Der Anspruch auf Wahrheit ist Reisig,
Und wir sind Feuer und Flamme.***

Graumelierte Sicherheit –
Ist Zeus der oberste Vater,
Bin ich sein Verehrer,
Ausgenommen: Stier und Schwan.

**Den Lücken, der Anbeter,
Der Mindesten, der Diener und Platzhalter,
Die Schlagramme der Diplomatie**

Häufig verstopfte Gemeinheit sahnt.

Knack und Back – Am Quell der Flüche,
Wenn ich mich nicht zusammennehme,
Passe ich bald in keine Schublade mehr.

So klein ich mich auch falte,
Mein Gimpel ragt immer heraus.

Die wechselseitige Ebene
Hat mehr Erhebungen und Senken
Als auf der Karte angezeigt.

100 Schläge mit der Rute der Selbstachtung.
100 Schläge mit der Rute der Erwartung.

Sein GPRS schient ihn so erhaben,
Dass er blinkt vor Verbindung und Reinheit.

Grausamkeit am Nachmittag –
Manch einer Schildkröte
Ist die Zurückbildung
Der einzige Ausweg.

Was sagt der Rädel?
Was sagt die Bande?

SATZBEHÄLTER LEEREN – TROMMELFEUER
ERÖFFNEN

Dein Stil ist keine Art.
Nur bilderbergisches Schwermetall – Code: Blei –
Du lahme Verschwörung!

HINGEGEN statt *MEANWHILE* –
Gebt den Müttern die Brüste zurück!

Questen-Emission –
Dein Seelensegel killt im Eiswind
Von Netzwerk-Zweck
Und Netzwerk-Nutzen.

Abperleffekte und die »Hohen Stulpen der
Isolation«
Ermöglichen es, sich auch bei heftigen
Niederschlägen
Nach den goldenen Äpfeln zu strecken,
Zur Strecke zu bringen.

Königsdisziplin – Königsdisziplin – Königsdisziplin

RUNDUMBLICK ist der neue Durchblick,
Und jeder hat seine Daten zu tragen.

Ein Mann hinter dem Horizont
Schreit vor Untergewicht nach dem nächsten
Gericht,
Die Wildbuschdornen hochgezogen bis zum
Kragen,
Ein Leben lang in Lebensmittelketten.

Gleichgerechtigkeit = Gleichgerechtigkeit? –
Der Zyklonsauger ist tot ...

Pro Grasnarbenfrieden –
»Es ist nichts« wird »Was ist denn los mit dir?« gerufen.

Not an Not, am Mann, in Glorie!

Wände hoch – Tapeziere die Räume
Mit Dünn-Tech und Spucke.

Mit Konzepten gegen das Verderben,
Mit Konzepten gegen das Sterben.

Achtung PEILUNG – Achtung ROCKY BEACH

Die satten Momente bitchen dich zur Couch,
Und die Couch bitcht zurück.

King String –

Alle wollen DREIFACHWIRKSAME Kleider –
Cyber-Monarchist – Cyber-Monarchist – Cyber-
Monarchist –

Erstes Pferd im Reich – Der Schatz der Nation –
2 DeutschMarkt 50 – Der Rest ist
»Jumpen« – Mach dir keine Gedanken!

Siehe: Seelenstoffels ERSTES PERGAMENT –
Kot – Glanz – Maria – Stuart – Chucka – Chucka –

Die Umstände stehen über den Dingen,
Und jedes Leben ist Hunger.

Steuerklappen auf Einfalt – Hirnleiter aus ALLTAG

Der ÖDE_TOM trägt seinen Schal
Und spürt nicht eine Falte der Existenz.

MONOKULAR – MONOKLAR

Zwei graue Staffeln
In zwei grauen Nächten
Pitte-Picken den apathischen Apfel.

Noch am Vortag standen alle Fenster offen.

In Superposition werden wir Wellen,
Muster auf der Suppe,
HINGEGEN:
Werden wir angeschossen,
Legt sich uns ein Wert um den Verstand
Bei der Messung.

Von der Eizelle
Zum Sohn der Ärgeremotion –
Gesang zum Geschrei zum Gelächter –
Wo ist das Silbertablett?

Däsh am Club

Neben Holden und Ebenholden,
Welche langweilen,
Von wegen Haupthold und seine Bande,
Entwickelt sich mir kaum ein Gedanke –

ROTER und BLAUER – MANN!

CALLUS _ IHR KÖNNT MICH NICHT BRECHEN –
HIER WURDE _ SCHON EINMAL _ ALLES
ZERSCHLAGEN

Galaxe das Geheimnis vor der Kälte!

Es gibt wieder ein Alt,
Es gibt wieder ein Neu,
Und es wird eng zwischen den Jahren.

Betrüger – Betrüger – Situation –
Fahnde die Mechanismen –
Fahnde das ganze Universum!

Es ist 15:01 – Wer will mir den Krieg erklären?

Neurologische Glanzplättchen
Raffen unsere Decke zusammen
Was steckt dahinter?
Wer sattelt die Pferde?

Edel – Mut – Gewandtheit:
Kaschmir und die 40 Finger

Durst nach Teilnahmeschein –
Unterabteilung: Vorurteil –
Dank Gewinnausschüttung und Abdeckung
Rennen wir, Runde um Runde,

Um die besten Konditionen.
Goldschlund muss schweigen – Stille Sau –
Letzten Endes
Sind wir alle Bezahlschweine.

Wie viele Seiten dem Weil,
Wie viele Seiten dem Wegen?

In der Katzentränke:
HEXENPROBE auf Durchschnittsdichtung

Ächtung kontaktsperrt die Stacheldrahtnummer,
Mein Rumpf braucht neue Schwingen,
Ich habe Federn gelassen.

Auf die Hinterläufe – Gehorsam dem
Zügel – Gehorsam der Reiterhand –
Alten Kitteln ergebe ich mich gerne …

Unterjoch oder Oberjoch? –
Füge die Trümmer – Aus dem Fluss – Zur Brücke!

Dem fließt das Leid in die Augen,
Der bestellt das Feld und schlägt seine Schwester.

Raum-Falle-Bitte-Immer-Schön-Sauber –
Der sagt ihr sonst den letzten Halt an,
Der macht ihr sonst den Balken.

Der Schwalbe kreisen die Gedanken,
Der Schwalbe wurde entlassen.

Im Fort-Fertig hat das Balg seine Wechselwelt,
Im Wanderjahr sind alle Techtel auf Vereinigung.

Ich muss einen Kalender bauen …

Hoffnung stiehlt sich aus dem Strafvollzug,
Hoffnung setzt sich ab,
Hoffnung macht uns alle FERTIG.

Auto-Navigator verkündet, stemmeisenbreit, das Altertum.

Wenn einer nur halbsagt,
Trinkt man zwei Sachen dazu
Und denkt sich einen Teil.

Kreuz – Unglück – Veranda
Spähen – Erwarten – Vergöttern –

Einer für Alle linkt sich auf: Mach's dir doch selber!

Cora-Selig sagte Tobi, das geht ja überhaupt nicht –
Sagte Tobi, dass er nicht so ist,
Sagte Daniel, DA MACHSE NIX.

Deine Signalstärke frisst unsere Verbindung,
Null – Strich – X – Geht jetzt doch nicht mehr.

Blackmoore – Blackmoore
Hinter den Kulissen der Kultusbürokratie
Verblaut sich der Freimut mit Konsens
In einer Szene voller Würger.

Was, toter Stoff?
Was, Esse?
Was, Heimat?

HEUTE IST BANNER_TAG –
Sondern wir uns ab?

Flunker – Energie – Stein –
Buch – Träger – Lasten –
Perfekter – Diener – Hals – KETTE

Die Endlarve hat ein Herz aus Leim ...

Triebfeld
Weit weht mein Mensch entlang der Landstraße,
Entlang der alten Sonne.

Am Schau-Sonntag gibt es einen Fünfkampf,
Wie immer, in jeder Familiendisziplin.

Kaffee, Hetzen und Kuchen,
Blocksperre und Liebe.

Termingeschäft – Zähne: Gezeichnet
Termingeschäft – Kausalität: Offen

Die Utopie in der Utopie
Frischboxt die Realitäten.

Hofgruber jaucht nimmer ...

Wortfestungen – Niederer Breiten:

Das Bedürfnis nach Gott entspringt seiner
Abwesenheit.
Zweckentfremdung ist die Grundlage jeder
Improvisation +/-
Fallsucht und Gedankenmord
Halten das Morgen nicht auf.

Der Rest ist Eisenbahn ...

Und was ist mit der großen Stärke
Und der unnachgiebigen Härte? –

Eiweiß wie Sonnenlicht – Obgleich die Schuld der
Belastung das Gelenk zerbricht.

Transformation im Nebel – Vier Phasen zum Wichtel:
Schulbank-Knute, Salzstein-Beuge.

Gemeindepfarrer schlägt erfolgreichen Schüler-Unternehmer

Aller Anfang ist trächtig;
Aller Anfang strebt gegen ein Ende;
Niederkunft und Auferstehung;
Lohn der Unschuld – Strafe der Erfahrung.

Pracht und Krachleder – NACKTKATZE und UNTERTAN
HOCHSITZ und AUSSICHTSTURM – PFAHL und UNENTSCHIEDEN

Die Engelstrompete verkündet das Jüngste Gericht,

Ikarus, der Sonne ein lachendes Gesicht!
Es gibt für alles eine Lösung,
Es gibt für alles ein Versagen.

… der Zeitgeist und das kleine Gespenst …

Geschlossen vom 17. Verschwender bis zum 3. Hänger.

Unbill und Jack müssen brummen
In lyrischer Phrasendresche,
Bis sie wieder gut sind.

Edelfäule steigt die Kanzel, steigt die Leiter,
Der Abend droht mit Analyse und Befund.

Sehr still, sehr rot begraben wir das Ganze.

Für einen Strauß Rosetten
Sieben toter Sänger ohne Ausbildung
Zerkreischen wir die Gläser
Und schneiden in eine geringe Haltung,
Bis die Augenweiter ihre Augen weiten vor
Irritation.

**Der Spirit und das Business
Aus der kalten Kiste.**

**Rettung aus Introspektive verlost der neue
Fotorealismus –
Komm, wir spielen Schmerz!**

Vielversprechendes Licht aus der Ferne –
Unglaube – Unglaube – Unglaube –
Robustes Mandat – Drunter und RÜBER!

Kennung – Parole – Übergabe:
Absinth – Set – Sowie – Unterhaltungsindustrie –

**Pfropfen Schaumkronenwunder um
Schaumkronendesaster.**
Von ALLER ASTERN ANFANG –
Leben wir auf Oberfläche – Leben wir auf Ork –
Bis zu ALLER ASTERN UNTERGANG

»Hey Mom, da wollen dich zwei Männer sprechen!«

**Guten Tag, Wimmer,
Guten Tag, Jammer,
Ich zünde für euch jeden Tag die Lunte an.**

Versauchance –
Längs Schrecke –
Traurige Musik …

DIE MOORTRÄNKE IST OFFEN

*Zweigstelle: Schnappung – Pause im Biogarten –
Die Opfer fliehen – Halten sie sich für schuldig?*

Achtern der Zivilisation,
Macht heutet Himmel und Hölle.

Leuchtendes Gasgemisch
In meinem Proto-Körper,
Ich fühle – Ich ENTLADUNGSRÖHRE!

PLASMA – PLASMA – PLASMA

Kannibal – Meissner – Porzellanladen –
Das Fleisch ist billig,
Dein Geist kracht gegen eine Wand.
Hingegen:
Heliotropisch nimmt mich der Oheim der
Matrizen.

Ein Rosskopf pro Kleinwild –
FÜR WÜRDE UND TRÄNEN!

Windchat – Storyline – Adventure –
Arschklick – Power – Streuner – Lyrik –
Wirklich wieder wirklich –
Hochschwarz – Ultraoffensiv – »Affirmative!«

Holzwegleiter – 10 kb – Dokument – 360 Grad –
Beten wir für immer den Abstand an? –
Oder ist es nur ein Katzensprung zur
Bumsromantik?

Eisenturm und Elfenbeinfabrik –
Menschen im Hochofen,
Herrscher und harmlose Gestalten.

Der Vater der Frau aus dem Bauhaus
Ist der Sohn des Intendanten.

Tausendfein – Die schlechte Angewohnheit –
Tausendmal egal –

Steinschlagschaden in der Windschutzscheibe,

Hier der unerhörte Schmerz – Daneben ein Sofa –

Styx aus Spucke – Styx aus Verachtung – SO FAR

...

Szenen

I

Toivo hört das Abendlied, schweigt vor den
Göttern,
Die in den Sternen prangen, Wandsbeck nach 1778.

Ein Geschmack von Sterblichkeit in jedem
Kinderchor von da und dort,
Über den Biberkopf,
Über den Schwarzenberger bis zur Zugspitze.

Peter M. Endres kennt diesen Wind mit Sicherheit,
»I will walk with my hands bound« – Sicherheit.

Im Hintergrund tanzt Meret Oppenheim
Eine lyrische Früherziehung
Mit der Weisheit des 20. Jahrhunderts.

II

Rom, 1972:

France Gall singt von Liebe, France Gall singt von
Walter Sedlmayer, in der Ecke,
Auf Cockney, auf einer Märchenbühne.

Auf dem Parkplatz, am Rande, ein Panzer von Fiat,
Mit Ketten aus Stellvertreterkriegen.

III

Die Vierzehn Nothelfer stehen im Park
Und unter der Brücke.
Eine Gestalt zieht die Normalreihe
Und setzt sich in einer Kreisbewegung ab.
Die Schmiere biegt das Bild mit Blaulicht.
Im Vordergrund: Graues Gewimmel.

IV

Vor der Klappe quatscht Gertrud
Von le Fort mit einem Stricher.
Blitz am Donnerhimmel, über des Rattenkönigs
Klumpen fällt der erste Regen.
Im Rekordsommer 2003 Riesenspalt auf der Seite,
Horden von Terminatoren auf Zeitreise.

V

Eine Schar sucht einen Cheesburger,
Marschiert auf die Afterhour.
Epikur schreibt »Extrabreit«
Mit einem Edding über die Perspektive.
Es ist greller Tag.

VI

Das Elend springt downtown
Von der Spitze in das Auge der Existenz.
Katze um Katze im Sack –
In der Stadt der Fahnen und Würfe,
Erlösung ist eine kleine Insel im Getöse.
Walter Kreye spreizt auf einem Hügel die Arme.

VII

Abendwald: ON
Läutet die Jugend der Kindheit,
Schreit der Himmel aus Entwicklung:
Kein Hirsch wird ausgenommen!

Anhänger

<u>Ähre der Tage</u>

Totgeburt. Tod noch vor Geburt.
Mach den Muttermund auf, mach die Mühle zu.

Versuchsstation, Versuch der Sensation,
Ersatzprogramm wie Methadon.

Am Jadebusen abseits der Massen pressen
Menschen die Freiheit,
Bis es den Darm ableitet.

Doch:

Schriftliche Ausscheidung entspricht geistigem Kot.
Der Gedanke ist tot
Und kann nur durch Verständnis
Wiederbelebt werden.

Super Quad Eros Ego:

Wir stehen an einem Massengrab, aus dem der
Kopf des faulen Säuglings ragt.

Unser Gehirn wurde tätowiert, und wir winden
uns in Unsicherheit und Wahn.
Wann fährt unsere Bahn?

Geisha! Geisha! Vielleicht fahren wir auch nicht.
Versuch der Sensation, bis es uns erbricht.

<u>Soll und Haben</u>

Klar in der Aussage,

Klar in der Erscheinung,

Unklar in der Meinung.

Eigentlich – Eigentlich – Eigentlich –
Muss man die Sterblichkeit einfach mögen.

Bemühung verdiente alle Achtung,

Bemühung hat es verkackt.

Emotional zu sich selbst zum Grunde gehen,

Die Kinder der Königsdisziplin.

Vergleiche:

Gefahr und Entzückung,

ZART UND EXTREM.

»*Früher war'n wir alle traurig, wir weinten jeden Tag*«
(Die Ärzte)

K-Basiswert

Kennen Sie die K?

Was haben Sie mit ihr gemacht?

K. starb in der Elften.

Nicht Stunde. Nicht Sekunde.

K. war meist in der Nähe von Beate.

Beate war still.

K. war noch stiller.

»Beate, wo ist Vasily« – Frag' ich mich noch heute.

»It's a nice day to start again« **(Billy Idol)**

Fälle geben dem Leben, geben Opfer und Täter
Grammatikalische Bedeutung.

Das weiß man in der Klasse, das weiß man in der
Krise, das weiß man in der Kiste.

Vgl. »Karl Phillip von der Schule«

Wie lebt man heute?

Wie lebt ihr Vater?

Wie lebt ihre Mutter?

NO ONE SAID: FLORIAN STANNERT SEIN
VADDA

Kleiner Schrein mit kleiner Schreierei zur
Erinnerung.
Ist K. vielleicht für uns gestorben?

Blind, wie wir wollten sein, blöd, wie wir sind.

Oh K. – Ohne K.

»I can't live with or without you« **(U2)** – o.m.g.

Vielleicht ist K. schon längst wiedergeboren.
Vielleicht ist K. nie gestorben.
Auf jeden Fall bin ich erst jetzt betroffen.

»Aprikose in der Hose« (**Kinderheim**)

VERGLEICHE:

»Der Tod ist kein Ereignis des Lebens« (**Wittgenstein**)

vs.

»Der Tod ist die Stunde des Lebens« (**Biologie**)
VERGLEICHE:

Die Liebe und der Hass der Welt auf die Welt

BRUMMEN unglaublich GLEICHZEITIG.

VERGLEICHE:

Morgenrot bleibt Morgenrot.

VERGLEICHE:

»Das Leben ist kurz« **(Seneca)**

»Das Leben ist kurz« **(K.)**

Obwohl das Praxis-Bülowbogen-Intro
Im Himmel und auf Erden gilt,
Schrillen: Paysafe – Paysafe – Paysafe –
IN-STYLE Repetitionen von Bocks Pappa und
FLORIAN STANNERT SEIN VADDA,
EINFACH, HART UND GIERIG

En Vie – En Bock – En N24 – En Asimo – 3000

Hengstenberg: ON
Unke: OFF

Verblaut der Grad der Erniedrigung,
Macht Engelsgeduld den Horizont.

IMAGE: APFELKERN

Die erste Einzahlung ist GRATIS –
»Everyone stays in his own kind of hell« –
Ostern im Gefängnis –

Ihr lieben Götzen –
Halt, Achtung, Vorsicht!

Bauknebel – Lichtengel – Krachbund –
Störungstheorie: BESTÄTIGT

Siehe:

Jede LIVE-AND-LET-LIVE-Politik –
Hat ihre LIVE-AND-LET-DIE-Politik –
Hat ihre Saufeder – Hat ihre Krähenklatsche

**GOTT FÜR GOTT – WIR VERHEIZEN –
ANZEIGE FÜR ANZEIGE –**
Eine goldene Gans für jeden glücklichen Hans!

+/-

Echte Philosophen kratzt einen Scheiß
Die Entschuldigung zur Störung.

* STERN

Pflockbuch

1. Tag:

Im Zeichen der Schlafverlängerung
Ist alles Trauer, ist alles Asche,
Ist alles in Joyce Meiers Armen – Amen!

– »IS THIS THE REAL LIFE?« –

… schon, irgendwie …

Kleines Geld – Kleine Verachtung –
Betäubungskanone schlägt Raketenturm –
Streuner-Codex – Für immer vereinslos – Für
immer auf der Hut!

DER REST IST SCHWEINSTEIGER

2. Tag:

Erst zieht es, dann drückt es,
Dann muss sich jeder selbst ertragen.

Alkoholische Apotheose: ON – SMS: ON – SMS:
GOLD – ARSCHFOTZEN: GOLD –
(»YEAH _ YEAH _ YEAH«) – Rebel or NOT – Geld-
Zurück-Garantie: FÜR ALLE!

<u>3. Tag:</u>

Mein Lieb und mein Gemein –
Prägung und Schicksal – Versus: FLORIAN
STANNERT SEIN VADDA –

VERGLEICHE:

Ich bin ein Hockerchen im Bühnenbild
ODER DER ECHTE ROTE DRACHE!

»Face to Face« – »L.A. to CHICAGO«

<u>4. Tag:</u>

Die Rosenbrücke ist offen –
»Meanwhile« – »Bob on and on« – Schreien die
Wildmoserer –
Und treten den Stein in die Tonne –

OH _IBIS _ UND_OH_OSIRIS!

Wer macht den Tod des Monats? –
Kleinvieh trifft Ernte – Kleinvieh trifft Mist +/-
Baustopp: Wer immer das Gleiche sagt, lügt!

<u>Kleines Extra</u>

Kerstin Chapman Blue Eye –

Den ewigen Dank für die »Gabe der Amazonen«

–

Das Gewächshaus wurde nie wieder aufgebaut –

Siehe: Anpassung erhebt sich,
Wenn es sich zugspitzt –

Siehe: Dein ist die WINTERLINDENBLÜTE!

<u>RESUS</u>

Re muss weg.
Re ist auf dem Weg.

Verspätet – Es Regnet.

Vor dem Dämonischen Wolkenturm
Ist Re keine Drohne.

+

Re wollte (EIGENTLICH)

Re hat strenge Gedanken. Re ist zuhause.
Re darf trinken und den Wasserhahn laufen lassen.
Re darf sich die Zähne am Hahn stoßen.
Re sieht Blut. Re hat viele Gedanken.
Re hat 46 m² Wohnfläche gemietet.
Es gibt Türen, die sich schließen lassen.
Re hat zweifach abgeschlossen. Re sucht Ruhe, aber
die findet er nicht. Re freut sich nicht.
Re ist ein flackerndes Kerzenlicht.
Re versucht zu denken, doch es gelingt ihm nicht.
Re ringt mit sich, Re am Boden,
Re liegt unter dem Tisch.
Re ist sich über – Re ist vier Säulen neben sich.

Re Arbeit – Re Lohn –
Re Hühnerklein – Re Regeneration.

Wurm im Apfel – Apfel im Wurm – Fackel aus – Sturm

SAUM-WALD

Reißwolfen und verschwören wir uns hinter der
Sonne, ist es oft ein Specht,
Der in dem Stamm wohnt,
Der uns Schatten spendet.

Ist die verschissene Witter Geschichte in der
Windhose,
Brauchen wir wieder alle Strahlen!

JEDER ist JEDEM ein Knecht –
Auf irgendeiner Seite –
ALSO: Schlagen wir die Köpfe an die Wände? –
ODER: Bekriechen wir die Ärsche?

4 8 9 1

Kirschen gegessen, Wasser getrunken.

Einmal am Tag Weltschmerz,
Achtmal in der Nacht Feuer.

Der Tod wünscht absolute Zufriedenheit –
UND:
Jeder ist labil, und jeder ist eine Fotze, du Fotze!

VERGLEICHE:

Nur wer sich tausendmal zusammengerissen hat,
kann ein echtes Bündel werden –

VERGLEICHE:

FLORIAN STANNERT SEIN VADDA